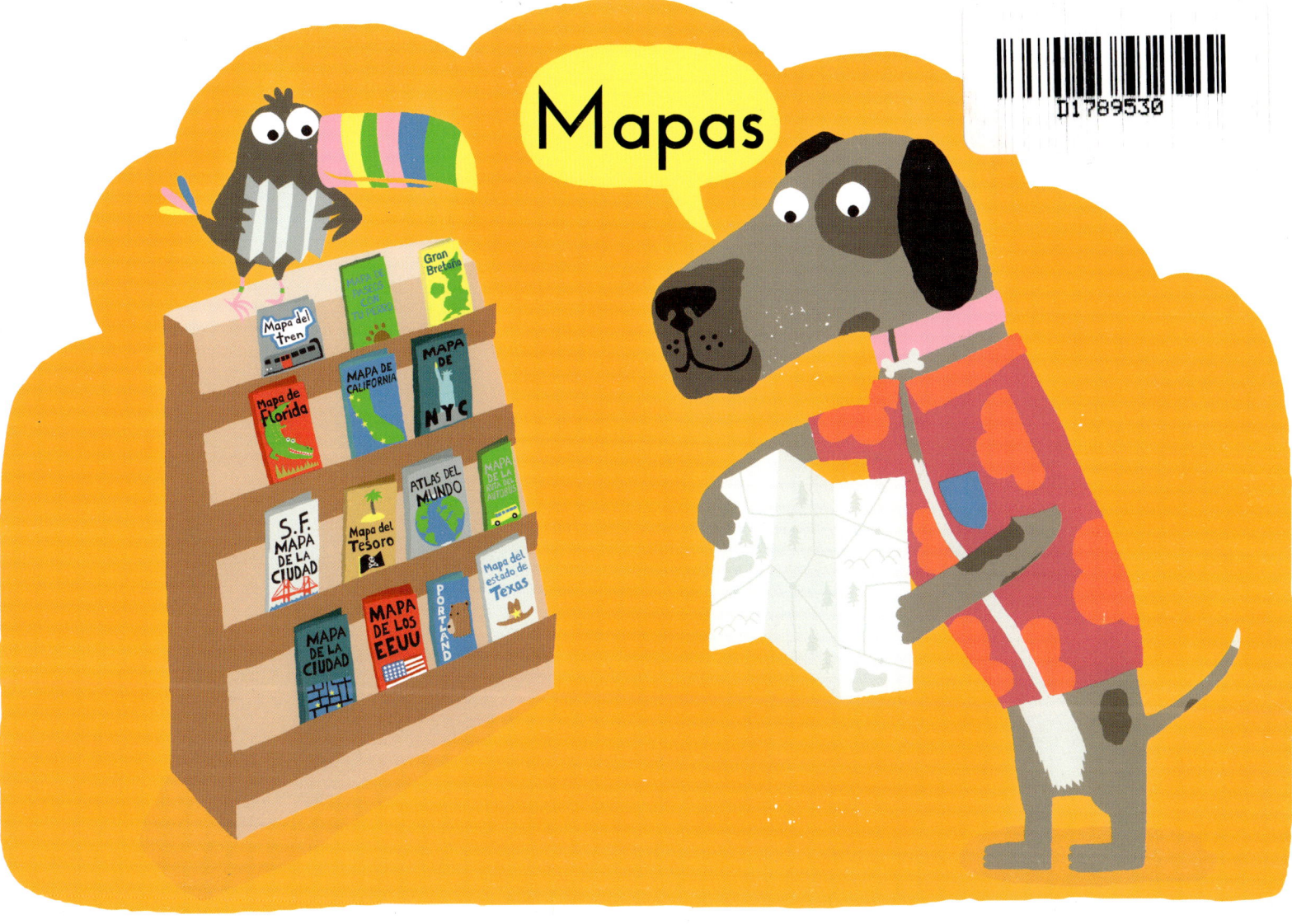

Si necesitas saber cómo llegar,

un mapa te puede ayudar.

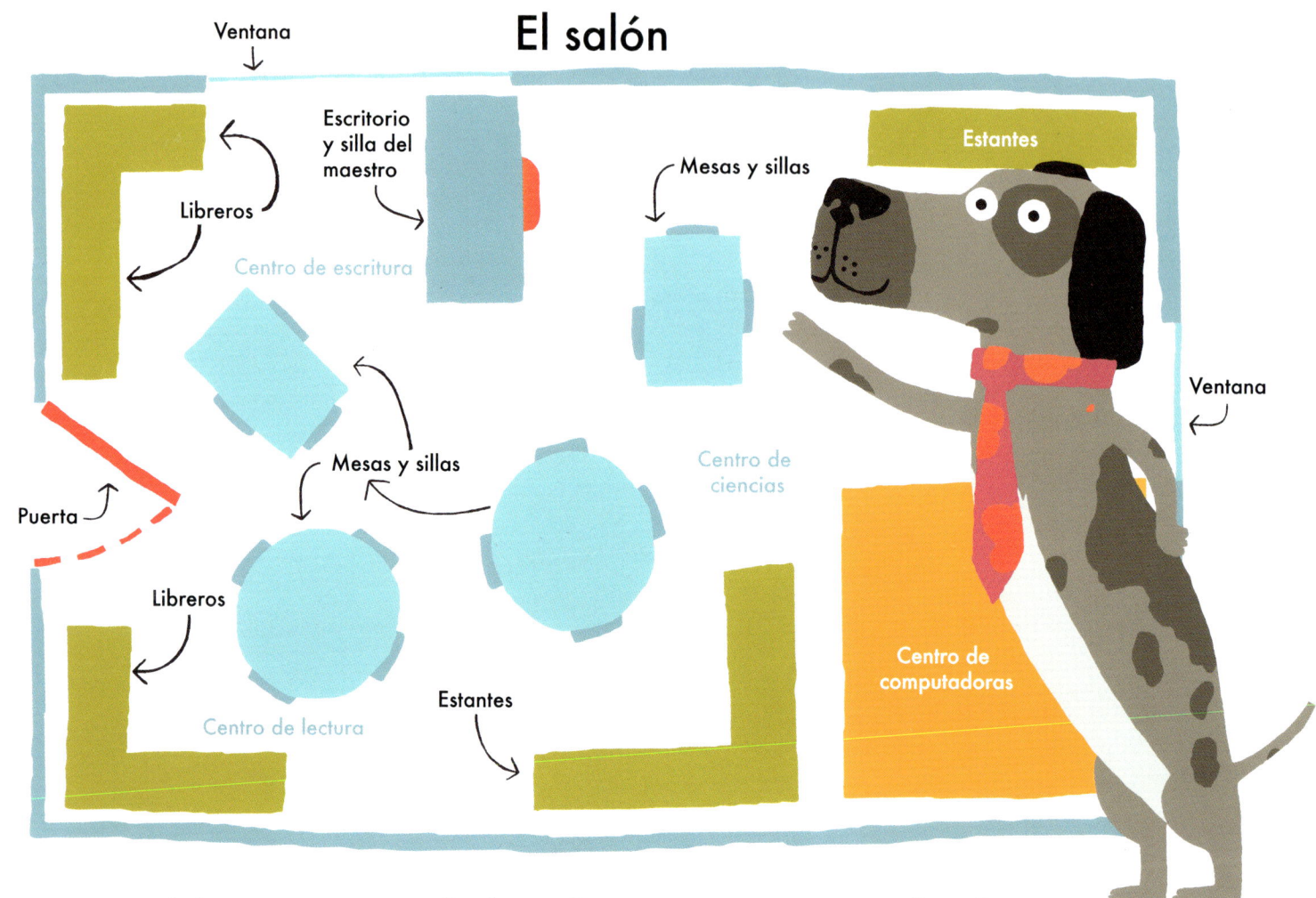

Un mapa del salón muestra el plano,

mesas, estantes, ventanas y puertas.

Un mapa de la ciudad muestra edificios y calles,

para ayudarnos a encontrar buenos lugares para juntarnos.

Un mapa del estado nos ayuda encontrar,

El mapa de nuestro país muestra cada estado,

fronteras, ciudades, ríos y lagos.

océanos, montañas y arena del desierto.

Si necesitas saber como llegar,

un mapa te puede ayudar.